1

If i had to describe you
in one word it'd be

_____

2

I love your

_____

your

_____

and your

_____

3

You have the cutest

_____

I've ever seen

4

I would live in a

_____

Without you

5

Your

_____

Makes everything OK

6

You give me your

_____

7

I love hearing stories
about your

_____

8

I love it when
you call me

_____

9

You always know what
to say to make me feel

_____

10

You laugh at all my

_____

11

I hope to be as

_____

as you one day

12

I'm thankful i got your

_____

13

You only share
your secret

---

with me

14

You always support my

no matter how
crazy they are

15

I love the funny ways you

_____

16

I love your strong
belief in my

_____

17

you inspire me to

_____

18

I love remembering
the time when

_____

19

You make delicious

It can't be found
anywhere else

20

I love your love of

_____

21

I love how good
you are at

_____

22

really you deserve

_____

23

I love getting your
advice on

_____

24

I love your epic
capacity for

_____

25

You always listen
when I talk about

_____

26

sometimes your ability to

_____

amazes me.

27

I love how you are full of

_____

28

I love that you still

_____

for me

29

I love it when you

_____

30

I love how you never

_____

31

I would be lost
without your

_____

32

I always want to hear what you're going to say about

_____

33

I love how you are

_____

to everyone

34

I love your

_____

laugh

35

It makes me smile
when you

_____

36

I'd love it if we could

_____

together soon.

37

I have to admit you're
always right about

_____

38

You still have

_____

I got as a kid.

39

You accept all my

_____

40

I never get tired of your

_____

41

I love how you never
get tired of my

_____

42

I love your

_____

to our family

43

Nobody else can

_____

like you

44

I love that you
encourage me to

_____

45

I am so

_____

that

_____

46

It makes me laugh to think how you

_____

47

You can do more

than I can

48

You always have lots of

_____

49

I love the good luck
you wish for me on

_____

50

I love going to

_____

with you

51

If you were a dance
you'd be the

_____

52

When i was little
I loved to watch you

_____

53

I love to

_____

for you

54

I love that you love my

_____

55

you are so

_____

you are so

_____

you are so

_____

56

Thank you for

_____

57

Thank you for
teaching me how to

_____

58

Thank you for
supporting all my

_____

59

Thank you for
being my

_____

60

Thank you for
making me feel

_____